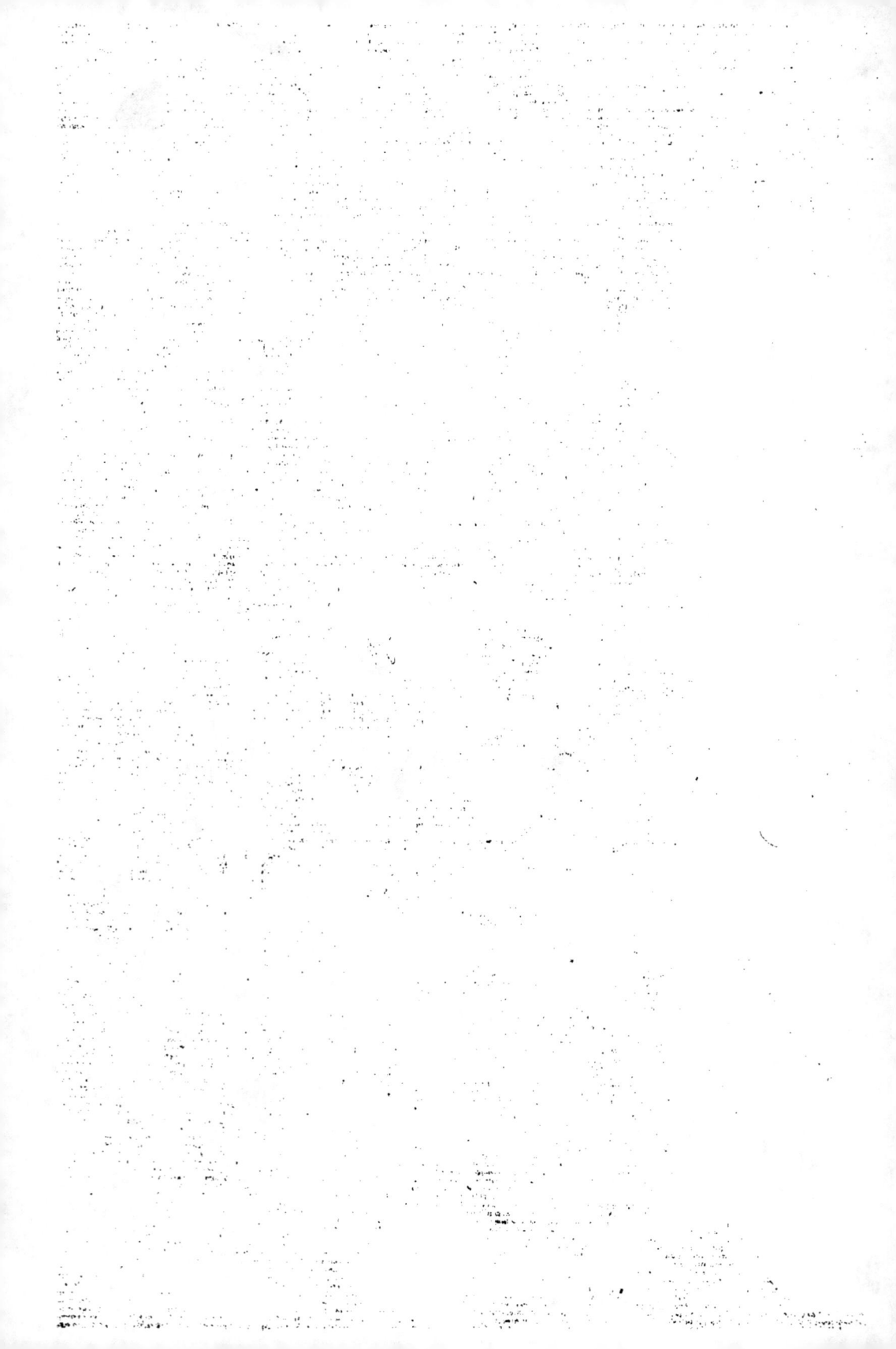

LA MARINE

A LA

DÉFENSE DE PARIS EN 1870

PAR

C. BOISSONNET

SOUS-INTENDANT MILITAIRE EN RETRAITE

PARIS

LIBRAIRIE MILITAIRE DE L. BAUDOIN

IMPRIMEUR-ÉDITEUR

30, Rue et Passage Dauphine, 30

1896

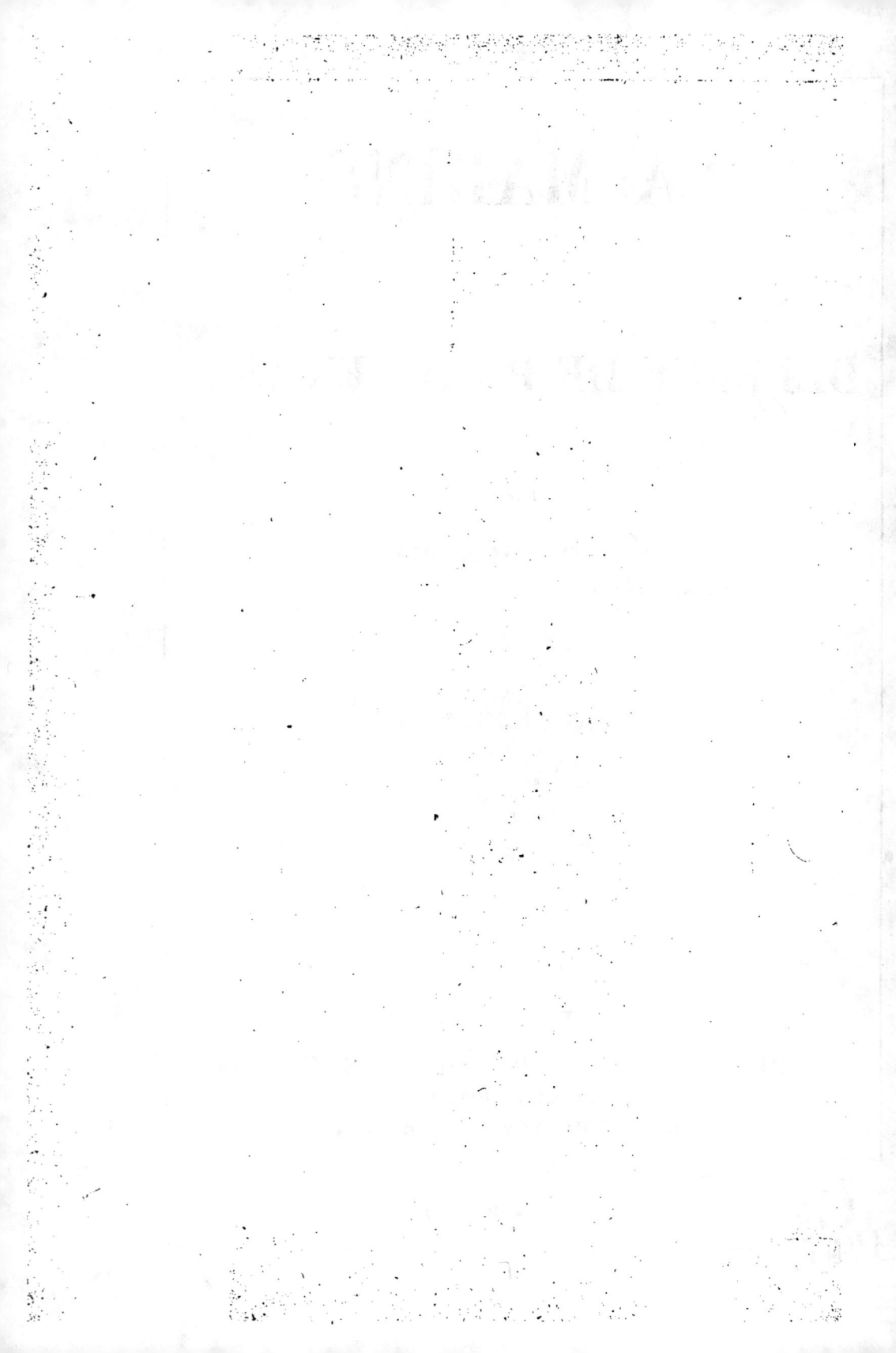

LA MARINE

A LA

DÉFENSE DE PARIS EN 1870

PARIS. — IMPRIMERIE L. BAUDOIN, 2, RUE CHRISTINE.

LA MARINE

A LA

DÉFENSE DE PARIS EN 1870

PAR

G. BOISSONNET

SOUS-INTENDANT MILITAIRE EN RETRAITE

PARIS

LIBRAIRIE MILITAIRE DE L. BAUDOIN

IMPRIMEUR-ÉDITEUR

30, Rue et Passage Dauphine, 30

1896

LA MARINE

A LA DÉFENSE DE PARIS EN 1870.

Pendant la guerre de 1870, la marine française n'a pas pu jouer un grand rôle sur mer, puisque la Prusse n'avait ni colonies, ni flotte au large. On avait projeté de faire une diversion en portant un corps expéditionnaire dans la Baltique, mais ce projet ne fut pas mis à exécution.

Cette expédition devait être placée sous le commandement du prince Napoléon. Ce prince a cru devoir publier une brochure pour expliquer comment ce projet n'a pu être mis à exécution et pour dégager sa responsabilité.

Dans ce libelle, le prince Napoléon explique que les ministères de la guerre et de la marine n'ont pu s'entendre pour décider quel est celui des deux départements qui aurait le commandement en chef de cette expédition, et il ajoute que, par suite de la faiblesse des effectifs de l'armée de terre, de la nécessité de la défense de la frontière, puisque les revers et l'invasion du sol national ont commencé dès l'ouverture des hostilités, de l'envoi immédiat à l'armée du Rhin des ressources non encore employées, on ne trouva plus de troupes disponibles pour composer le corps expéditionnaire de la Baltique. Le sort en était jeté. Une défensive stricte et désespérée s'imposait. Les belles troupes de la marine, ses beaux équipages des bâtiments de guerre ne pouvaient assister indifférents aux revers de la patrie. C'est ainsi qu'on eut, à l'armée de Sedan, des régiments d'infanterie de marine; à l'armée de l'Ouest, des compagnies de marins, et, dans la capitale, des matelots et des troupes de la marine pour desservir 8 des 9 secteurs de l'enceinte, et une flottille légère, de faible tirant d'eau, pour assurer la *défense mobile* de la Seine et de l'embouchure de la Marne.

Le baron de La Roncière Le Noury, alors vice-amiral, devait avoir le commandement de la marine dans l'expédition projetée pour opérer dans la mer Baltique. Mais, dès la première semaine du mois d'août, on reconnaissait les impossibilités énumérées dans le libelle du prince Napoléon, on constatait qu'il fallait renoncer à toute idée d'offensive; que la France allait être envahie et qu'il fallait tout d'abord concentrer tous les efforts pour la sauvegarde de la capitale. Il fut décidé que tous les corps et tous les services disponibles de la marine concourraient à la défense de Paris, y compris ses ingénieurs, ses médecins, ses aumôniers et son corps du commissariat. Tous voulurent rivaliser de zèle devant les dangers qui menaçaient la France. On fit aussi appel aux anciens officiers de la marine qui, quoique retraités et, pour plusieurs d'entre eux, retraités depuis de longues années, pouvaient encore faire un service actif, surtout dans la défense des places. On vit donc ces anciens officiers entrer dans l'armée de Paris ou aller prendre du service dans la *garde mobile* et dans la *garde nationale mobilisée.*

Dès le 8 août, le vice-amiral de La Roncière Le Noury recevait le commandement des troupes et des services de la marine qui allaient concourir à la défense de la capitale.

Ce qui fait le sujet de cette modeste étude, c'est la participation de la marine sur les remparts, dans les forts et sur la Seine pour concourir dans la plus large mesure à la *défense fixe* de la fortification et à la *défense mobile* de la Seine.

L'amiral de La Roncière Le Noury a laissé aux ministères de la marine et de la guerre des documents précieux, texte et planches, pour montrer quels ont été l'appui de la marine et son rôle dans ce grand drame d'une défense désespérée de la capitale de la France. Cette relation est considérable : non seulement elle indique les travaux entrepris, les efforts de l'artillerie des forts pour répondre au feu des assiégeants, mais elle traite à fond cette question de la participation de la marine à la défense d'une place de guerre de l'intérieur des terres. C'est un guide parfait, non seulement par la compétence absolue de son auteur, mais par son tact et sa modération et par le soin consciencieux qu'il a mis à montrer toutes les particularités qui pouvaient se présenter dans ce nouveau service demandé au corps de la marine et à indiquer les solutions avantageuses auxquelles il fallait recourir.

Aujourd'hui toutes les conditions de la lutte seraient changées, si un conflit de guerre pouvait survenir entre la France et l'Allemagne.

La France a refait ses lignes de défense du sol national et elle possède, par l'application du service militaire personnel et obligatoire, imposé aujourd'hui aux hommes valides, pour un ensemble de 25 classes de recrutement, des troupes assez nombreuses afin de tenir la campagne et d'occuper les places de guerre, dont la répartition a été mieux comprise et le nombre bien réduit. La place de Valenciennes même a été déclassée ; il y a intérêt à se concentrer sur une ligne de défense formant un système raisonné, pour éviter une trop grande dispersion des forces et pour se réserver la possibilité d'opposer de grandes armées à l'ennemi, tout en laissant la marine libre d'opérer sur mer.

Il ne faut pas que l'armée de terre qui serait appelée, le cas échéant, à occuper et à défendre tous les ouvrages de la fortification du camp retranché de la capitale, ignore ce qui a été fait par la marine ; il faut qu'elle retire de l'œuvre de l'amiral de La Roncière Le Noury, de précieux renseignements. Ceux-ci sont utiles à connaître, quoique les ouvrages de la défense aient été les uns améliorés et les autres portés à une distance beaucoup plus grande de l'enceinte de Paris.

Ce n'est pas au moment d'un siège qu'il faudrait seulement songer à tout ce qui fut mis en œuvre en 1870 et à tout ce que la marine a fait pour la défense du camp retranché. Il faut s'y préparer à l'avance dans la crainte d'ignorer les enseignements du passé, de ne pas avoir le temps ou la possibilité de les étudier. Enfin il faut rendre justice à qui de droit.

L'œuvre de l'amiral de La Roncière Le Noury se trouve à la bibliothèque du ministère de la marine et à celle de la guerre, mais elle n'est pas à la portée des officiers qui résident en province. On ne peut songer à la reproduire ici; mais, sous forme de compte rendu, on peut la signaler et la faire un peu connaître et y ajouter des observations qui en faciliteraient et en compléteraient l'étude.

Au point de vue du concours à demander à la marine, il faut distinguer la défense mobile de la Seine, ce qui rentrait absolument dans ses attributions, et la défense de 8 des 9 secteurs de la fortification.

Défense mobile de la Seine.

Sous le nom de « division des canonnières de Paris » pour la défense mobile de la Seine et de l'embouchure de la Marne, on a constitué une flottille qui comprenait des bâtiments d'un faible tirant d'eau. Ces bâtiments étaient de cinq sortes : les uns pour combattre, les autres pour explorer et ravitailler.

	Composition de chaque unité en			
	Canons.	Officiers.	Marins.	Chev.-vap.
5 batteries flottantes..........	2	1	40	40
8 canonnières.	2	1	26	25
1 canonnière Farcy..........	1	1	20	20
6 chaloupes à vapeur (vedettes).	1	1	20	7
1 petit aviron à hélice (yacht) ...	»	1	8	10

Il faut ajouter, pour les transports nécessaires à la flottille, 6 canots à vapeur ayant une force moyenne de 3 chevaux-vapeur.

Les batteries flottantes ont deux canons de 14 cent. et une cuirasse de 8 cent.; le tirant d'eau est de 1m,10. Toutes ont un pierrier.

Les canonnières ont deux canons, un de 6 cent. et un de 4 cent. de montagne; le tirant d'eau est de 1m,50. La canonnière Farcy n'a qu'un canon; il est du calibre de 24 cent. et il est réservé pour produire de grands effets de pénétration. On en jugera par ce simple renseignement : le canon de 24 pèse 21 quintaux et son projectile 144 kilogr. La charge est de 16 kilogr. de poudre et la portée est de 7 kilom. 1/2 à 8 kilom. (Expériences faites à Vincennes.)

Les vedettes ou chaloupes à vapeur ont un canon de 12 cent. et un tirant d'eau de 1m,45. Elles sont pontées.

En résumé la flottille avait 33 canons et 8 pierriers, et une force totale de 460 à 470 chevaux-vapeur pour sa marche.

Il y avait aussi, à ce même titre de défense mobile, des trucks blindés poussés par des chevaux placés en arrière, pour deux canons de 14 cent. et pour deux de 16 cent. Les premiers, montés sur deux trucks accouplés, avaient un champ de tir de 30° à droite et à gauche de l'axe de la voie. Le blindage était de 6 cent., et il fallait, suivant le calibre, 13 ou 18 marins au service de chaque pièce, au total : 62 marins.

Il ne faut pas oublier que les canons de 16 et de 19 cent. de la marine portent de 6.500 à 7,000 mètres.

Après la capitulation de Paris, tous les moyens de défense de l'armée se trouvèrent concentrés au dehors, non plus pour défendre la capitale, mais pour la reprendre des mains de la *Commune ;* les rôles se trouvaient renversés. C'est ainsi que la marine rassembla à Rouen et dirigea, en avril 1871, sur les approches de Paris, par la Seine, une seconde flottille composée de six canonnières dont deux n'avaient qu'un canon.

Le matériel des canonnières et des batteries blindées se décompose en tranches démontables. Il peut s'expédier par les chemins de fer près des mers et près des cours d'eau sur lesquels on veut opérer, et là on procède au montage de ces bâtiments. C'est ce que l'on avait fait pour la guerre d'Italie en prenant pour point de départ le cours du Pô situé entre Stradella et Pavie, à 45 kilomètres en amont de Plaisance. Mais la nouvelle de l'armistice y arriva au moment où la première canonnière était achevée.

En 1870, le matériel démontable qui a servi à faire les canonnières et les batteries blindées employées à la défense mobile de Paris, avait été envoyé à la frontière en vue d'opérations à faire sur le Rhin, sous les ordres du contre-amiral Exelmans. Cet officier général resta bloqué dans Strasbourg avec ses marins. Il prit part à la défense de cette place et, par suite des revers de cette guerre, le matériel démontable dut rétrograder sur Paris, ainsi que des approvisionnements de fascinage que l'on avait expédiés sur la frontière en prévision du siège de Mayence.

Pour la défense, le personnel de la flottille de la Seine avait ainsi 17 officiers, 490 marins et 21 embarcations dont 4, des vedettes, n'avaient pas d'officier. Cette flottille avait deux points de stationnement : celui du nord, entre Épinay-lès-Saint-Denis et l'île Saint-Denis, et celui du sud, entre le Bas-Meudon et Billancourt, c'est-à-dire entre l'île Séguin et l'île de Billancourt ; mais le mouillage de sûreté était derrière le fort de La Briche.

entre la rive droite de la Seine et l'île Saint-Denis. On vit aussi 2 bâtiments de la flottille près du Pont-Neuf.

Si des revers devaient, dans les éventualités de l'avenir, amener un nouveau siège du camp retranché, la marine n'aurait plus sans doute à venir concourir à la défense de la fortification de Paris, mais il resterait les opérations de la flottille sur la Seine et sur la Marne. Ces opérations de la *défense mobile* seraient d'autant plus étendues que les nouveaux forts permettent aujourd'hui de doubler en amont et en aval de Paris, sur la Marne et sur la Seine, les longueurs des bras de rivière qui seraient à l'abri des feux de l'assiégeant.

Sous ce rapport, il convient de relater sommairement quel fut le rôle de la défense mobile et quels sont les incidents qui se sont produits.

Et tout d'abord il faut remarquer que la flottille a pu, par son tir, coopérer à la défense pour fournir des feux d'enfilade sur les batteries allemandes. Elle ne fut pas atteinte par le feu de l'ennemi, mais elle fut entravée dans sa marche et elle subit des avaries et des pertes.

En voulant atteindre Bercy, la batterie flottante n° 2 toucha un enrochement, elle creva son avant et elle coula en quelques minutes. Les eaux étant peu profondes, on put la renflouer ; mais voilà un point connu et à signaler pour que pareil accident ne puisse pas se reproduire.

La flottille prit part à des combats au pont le plus avancé sur la Marne ; à Billancourt, où elle canonna les hauteurs de Meudon. On y remarqua l'action de la batterie flottante n° 2 et la vedette n° 4.

Le 21 décembre 1870, une vedette, emportée par la force du courant, vint échouer contre une pile du pont de Billancourt.

L'hiver de 1870-71 fut très rigoureux dès la fin de décembre. Le 24 de ce mois la Seine fut prise, la glace atteignit un mètre d'épaisseur. Aussi la flottille fut bloquée par la glace ; on fit un chenal, on dut faire jouer la dynamite pour *créer une débâcle*.

L'action de la marine fut mixte entre la défense mobile et la défense fixe, car on prit les équipages de quatre bâtiments pour construire, armer et servir une batterie au *Point-du-Jour*, sous les ordres et la direction de M. Goux, capitaine de frégate.

Quels étaient, en amont de Paris, les ponts les plus avancés de la défense ? C'étaient ceux du *Port à-l'Anglais*, entre Vitry et Maisons-Alfort, près du barrage de l'écluse de ce nom. Sur la Marne, le pont le plus avancé était entre Bry-sur-Marne et Nogent-sur-Marne. De leur côté les Allemands avaient un pont sur la Seine, à Choisy-le-Roi, et un sur la Marne, à Champigny.

Ainsi les Allemands avaient un pont pour franchir la Marne et intercepter le cours de cette rivière entre le fort de Charenton et les divers ponts de la défense placés plus en amont, savoir : deux à l'île de Beauté, quatre à La Faisanderie et deux à Bry-sur-Marne. Il n'en serait pas de même dans une nouvelle attaque du camp retranché, car de ce côté l'ennemi trouverait devant lui les trois nouveaux forts de Champigny, de Villiers et de Chelles, ce dernier pouvant protéger la Marne jusqu'à Pomponne, sans parler de l'appui que lui donnerait la flottille. Ainsi on remonterait la Marne d'environ 16 kilomètres.

Quant au pont allemand de Choisy-le-Roy il serait obligé, à cause du nouveau fort de Villeneuve-Saint-Georges, de remonter à près de 11 kilomètres plus haut dans la Seine et de venir se placer à 3 kilomètres en aval d'Evry, environ à 6 kilomètres en aval de Corbeil. On voit, par ces simples détails, combien, dans l'éventualité d'un nouveau siège, les propriétés de la défense de Paris sont augmentées. Et il en serait de même pour les ressources de la *défense fixe* ou des forts pour couvrir l'enceinte.

On se limite ici à ces renseignements en ce qui concerne la marine de l'État dans le rôle de la *défense mobile* de Paris par la flottille de la Seine.

Défense fixe de l'enceinte et des forts.

L'enceinte fut décomposée en 9 secteurs avec adjonction des forts détachés, et la défense de ces secteurs, sauf celle du 2e, fut confiée à la marine sous la direction des contre-amiraux.

1er secteur : Bercy ;
2e — De la rive droite de la Seine à la rue *d'Allemagne ;*
3e — La Villette ;
4e — Montmartre ;
5e — Les Ternes ;
6e — Passy ;
7e — Vaugirard ;

8e secteur : Montparnasse ;
9e   —   Les Gobelins.

Ainsi la vallée de la Seine réunie à la Marne, pour traverser Paris, se trouvait défendue, par une noble émulation de devoir et de dévouement, à droite, par l'armée de terre, et à gauche, par la marine.

Par cette disposition, l'armée de terre restait en communication avec son dépôt d'artillerie de Vincennes.

Les forts détachés étaient :

Au nord-est, le fort de La Briche, la Double-Couronne et le fort de l'Est de Saint-Denis ; à l'est, les forts d'Aubervilliers, de Romainville, de Noisy, de Rosny et de Nogent, enveloppant et couvrant les forts de Vincennes, d'Aubervilliers et de Romainville ; au sud, les forts de Montrouge, de Bicêtre, d'Ivry, de Charenton, de Vanves, d'Issy ; à l'ouest, le mont Valérien ; mais les Prussiens ne firent aucune attaque de ce côté.

Quand on prévit que Paris serait assiégé, on commença cinq redoutes, dont trois étaient placées à côté d'une ancienne résidence royale. Mais dès le 19 septembre 1870, ces cinq redoutes, qui n'étaient ni achevées ni armées, furent abandonnées. Ce sont : la redoute de Montretout, au nord de Saint-Cloud ; celle de Brimborion, placée en contre-bas de l'ancien château de Bellevue ; celle du Moulin-de-Pierre, située à 1 kilomètre en avant du fort d'Issy, sur la route de Chevreuse ; la redoute du château de Meudon et celle de Châtillon.

La première ne fut pas utilisée par les Allemands. En effet, leurs attaques contre Paris ont évité des opérations contre le secteur de Passy, à cause de la supériorité des feux du mont Valérien ; il en fut de même de la deuxième, parce qu'au delà de la route de Paris à Sèvres (route nationale de Paris à Bayonne, no 10) ils ont placé plus avantageusement la batterie de Breteuil, de 6 canons, afin d'attaquer le Point-du-Jour. Au contraire, la redoute du Moulin-de-Pierre a servi aux Prussiens pour y placer 6 canons.

La redoute de Brimborion avait un terre-plein, presque circulaire, de 30 mètres de diamètre. Les Prussiens ont préféré placer au Bas-Meudon 4 batteries à peu près d'égal armement, et présentant ensemble 24 bouches à feu.

Si l'on examine le plan d'ensemble des batteries de siège des Allemands, on voit que les emplacements sont parfaitement étudiés pour utiliser toutes les hauteurs d'où l'on peut avoir des vues sur les forts et lutter avec avantage contre leurs feux. Mais tout est construit suivant les règles méthodiques du métier, sans aucune initiative dénotant un progrès dans l'art de l'ingénieur militaire.

Il faut cependant constater que rien n'a été laissé au hasard, quoique, par la force des choses, les Prussiens fussent parfaitement fixés sur le résultat final d'une lutte qui avait été provoquée et engagée sans aucune préparation. Ils s'appliquaient à ménager l'opinion publique en Allemagne pour deux causes, et dans ce but ils cherchaient à rendre le siège le moins meurtrier qu'il fût possible. En effet, l'unification de l'Allemagne au point de vue de l'hégémonie politique et de la formation d'une grande armée nationale, ne datait que de *quatre années*, et même, à cette date, la Prusse avait provoqué, combattu et vaincu les troupes qui, lors de la *campagne de France* et du *siège de Paris*, luttaient à ses côtés, pour elle et pour l'établissement de sa suprématie et pour la fondation d'un grand empire germanique, et cela au profit de la dynastie des Hohenzollern. Si les combats avaient été fréquents et la guerre meurtrière, cela aurait pu occasionner des défections.

Des hommes de la landwehr furent mobilisés. Des hommes de cette catégorie, prisonniers à la défense de Saint-Quentin, disaient hautement qu'on avait commis une illégalité en les envoyant à l'armée de France, qu'ils ne devaient le service militaire que dans la Prusse et qu'en cas d'envahissement.

Dans une des sorties de la garnison de Paris, il y eut pour des hommes de la landwehr des blessés et des tués ; ils appartenaient au *cercle de Kœnigsberg*. Des soldats français internés dans cette place et conduits au travail virent des femmes leur lancer des pierres. Ces femmes étaient celles des tués et des blessés, et les prisonniers français, privés de toutes nouvelles, apprirent ainsi qu'il y avait eu un engagement sérieux sous la protection des forts de Paris.

A Metz, des sorties partielles ne furent pas repoussées par les Allemands, parce que ceux-ci savaient qu'elles seraient sans influence sur l'issue de la lutte et parce qu'ils voulaient éviter des combats qui leur paraissaient inutiles. La faim devait accomplir son œuvre; c'était prévu.

Cependant, par excès de prudence, les Prussiens établirent des batteries de campagne derrière des parapets pour un tir à embrasures, et ils les établirent auprès des batteries de siège dans un double but : 1° afin de profiter de la bonne position assignée aux bouches à feu de l'attaque de la fortification; 2° pour constituer de véritables machines infernales, capables de se défendre elles-mêmes et de foudroyer par ce mélange de deux artilleries de gros et de moyen calibre, toute colonne qui, par un effort désespéré, voudrait essayer de percer le cercle de fer établi autour du camp retranché. Les Prussiens établirent aussi des épaulements pour abriter l'infanterie.

Les Prussiens avaient l'idée fixe de ces « cercles de fer » enveloppant des armées qui, dans leur intérieur, sont aux prises avec la privation et avec les souffrances de la faim. A Sedan, en dictant les dures conditions de la capitulation, M. de Moltke se prévalait déjà de l'emploi de ce système des cercles de fer. Il disait qu'il les avait déjà organisés autour de Metz, et il donnait à entendre qu'il allait en agir de même devant la capitale.

C'est ainsi, pour en revenir au siège de Paris, que les Prussiens établirent sur les hauteurs de Montmorency 2 batteries de siège de six ou huit canons et 4 batteries de campagne de six canons chaque; total : 38 bouches à feu derrière un parapet presque continu.

Ces batteries de Montmorency n'étaient établies qu'à 4,700 m. de la Double-Couronne de Saint-Denis, et à 4,200 mètres du fort de La Briche. L'emplacement est souvent imposé par la nature du terrain, autrement on aurait pu les éloigner. Le fort de La Briche, comme tous les autres, est beaucoup trop rapproché de l'enceinte, à 3 kilomètres et demi. Parmi les batteries prussiennes qui ont fourni des feux à grande distance contre la fortification, il faut citer celles qui, par le fait de la configuration du terrain, ont pu tirer à une distance approximative de 6,250 mètres :

1° Du Raincy, 6 canons de siège ont tiré sur les forts de Noisy et de Rosny et de même sur les épaulements et sur les batteries de campagne établis à Drancy, ainsi que sur le fort de Nogent;

2° Les forts de Rosny, de Nogent et de La Faisanderie ont encore reçu, à cette même distance de 6,200 mètres, le tir des batteries allemandes établies au sud de Noisy-le-Grand et de Cœuilly, au nord de ce bourg et à l'ouest du bois de ce nom.

Armement des forts. — On dut, dans les conditions difficiles où l'on se trouvait, faire appel à tout le matériel disponible de l'artillerie de terre et également de l'artillerie de mer. Il en résulta une grande variété de bouches à feu par rapport à leur calibre et une grande difficulté d'approvisionnement et d'assortiment en projectiles et en gargousses appropriées à l'âme des diverses pièces. Dans ces conjonctures, on dut faire aussi appel à tout le matériel disponible dans les places de l'Est, telles que celle de Cambrai, qu'on ne jugeait pas susceptible d'une défense sérieuse. On prendra un seul exemple, celui de l'armement du fort de La Briche, montrant ainsi quel était, en nombre de pièces, l'importance des moyens de défense et quelle était la variété des calibres de ces pièces.

Armement du fort de La Briche.

  1 canon de 4 de campagne ;
12 canons de 16, lisses ;
  4 canons de 19, rayés ;
  4 canons-obusiers de 12 ;
  6 canons de 12, rayés, de place ;
  6 canons de 24, rayés, de place ;
  8 canons de 12, rayés, de siège ;
  3 obusiers de 16 ;
  5 obusiers de 22 ;
  5 mortiers de 22 ;
  2 mortiers de 27 ;

Total : 52 bouches à feu, de 11 espèces différentes et de 7 calibres différents pour armer 2 des 4 faces du fort.

Mais, inversement, à quel déploiement d'artillerie les forts de Paris avaient-ils à répondre ? On se bornera à citer six exemples.

Les batteries allemandes étaient généralement de 6 pièces, quelquefois de 8, mais rarement de 4 ; la moyenne est de 6. Leurs feux ont ainsi opéré contre six forts :

7 batteries (42 bouches à feu) contre le fort de Vanves ;
8   —   48   —   —   le fort de Montrouge ;

9 batteries (54 bouches à feu) contre les forts d'Issy et de La Briche ;

10	—	60	—	— le fort de Rosny ;
12	—	72	—	— le fort de Nogent.

Il faut, en outre, observer que ces feux de l'ennemi se croisaient, provenant généralement de trois ou quatre points différents, afin d'augmenter les ravages de l'artillerie et pour mieux démonter les bouches à feu de la défense.

L'armement du fort de La Briche a été cité ici pour la variété des bouches à feu et non pour leur quantité, car on trouve 71 pièces au fort de Romainville, 86 à celui de Bicêtre, 94 à celui de Rosny et 94 à celui d'Ivry. En outre on avait établi derrière des parapets, dans la plaine, 2 batteries de campagne de 16 bouches à feu, une à Saint-Ouen et, de même, une à Montmartre. Il y avait à l'est de Saint-Denis, au Drancy, une quarantaine de bouches à feu de campagne abritées derrière des épaulements.

Pour la défense des forts, contre une attaque rapprochée et contre toute attaque de surprise ou de vive force on avait établi des *torpilles terrestres* en avant des saillants de bastion de quelques forts, et, suivant la nature du terrain, on les avait placées à 20, 50 ou 150 mètres de ces saillants.

Tel était cet armement dont le tir des assiégeants ne put éteindre les feux.

Mais quel personnel la marine a-t-elle amené à la défense de Paris, en hommes des équipages et en troupes d'infanterie et d'artillerie ?

Il y avait 12 bataillons de marins, composés de matelots-canonniers et de matelots-fusiliers, repris sur les équipages qu'on avait préparés en vue d'une expédition dans la mer Baltique. On les avait prélevés sur les arrondissements maritimes de Brest et de Cherbourg. Leur effectif était de 552 à 871 hommes par bataillon, et il y avait un 13e bataillon de 73 hommes dit *d'état-major* pour fournir des secrétaires et des employés de diverses professions. Effectif total : 8,308 marins des équipages de la flotte.

L'infanterie de marine avait fourni 4 bataillons d'un effectif variant de 797 à 812 hommes, total : 3,258 hommes.

Le régiment d'artillerie de marine, à l'effectif de 1861 hommes, était réparti dans les 8 secteurs dont la défense était confiée au personnel de la marine.

La gendarmerie de la marine avait aussi quitté le service d'ordre des ports pour venir concourir à celui de Paris.

Telle était, en ce qui concerne la marine, l'organisation de la défense, la composition du personnel et de l'armement pour la *défense fixe* de la capitale et pour la *défense mobile* de la Seine.

Mais la famine avait accompli son œuvre. Il fallut capituler ; l'armistice fut notifié le 28 janvier. En voici les conditions :

L'ennemi doit occuper tous les forts pour continuer à dominer la capitale et la tenir isolée de tout secours qui pourrait arriver de la province. La garde nationale conserve ses armes. L'armée doit être désarmée à l'exception d'une division de 12,000 hommes ; elle reste dans Paris ; les officiers gardent leurs épées.

Il faut rapprocher cette capitulation des deux rédactions de capitulation qui furent successivement faites, le 31 mars et le 1er avril 1814, à 2 heures du matin, entre le maréchal Marmont et les plénipotentiaires des puissances alliées.

Dans la première, telle que le maréchal Marmont l'avait acceptée, on ne trouvait que deux choses en ce qui concernait l'armée : 1° les troupes sortiraient de Paris pour se rendre au delà de la Loire ; 2° la garde nationale serait désarmée et licenciée (voir les *Mémoires* de la duchesse d'Abrantès, t. X, p. 262). Il n'est là nullement question des monuments ni des richesses de Paris, ni des Invalides, ni de l'École polytechnique qui a combattu près de la barrière de Clichy sous les yeux du maréchal Moncey, ni de la gendarmerie, etc.

M. de Tournon, chef d'état-major du maréchal Moncey, et le colonel Allent refusent de porter aux troupes une pareille capitulation ; ils vont, au milieu de la nuit, s'adresser à l'honneur et à la générosité de l'empereur de Russie et ils obtiennent gain de cause. Il y a plus : le ministre de la guerre avait refusé des armes à la garde nationale, sous prétexte qu'il n'y en avait plus en magasin. L'empereur Alexandre décide que la garde nationale sera maintenue, qu'elle concourra avec les Alliés au maintien de l'ordre dans Paris et qu'à cet effet, au lieu de ses mauvaises armes, de ses fusils de chasse ou de rebut de tout modèle, et de

ses piques dont un grand nombre de citoyens sont armés, elle recevra 4,000 fusils d'infanterie, nombre qui fut même porté à 12,000, et à la suite de ces distributions, il restait encore en magasin plus de 5,000 fusils disponibles.

Quant aux blessés (art. 7 de la capitulation), ils étaient prisonniers de guerre et soignés dans Paris, mais ils étaient libres de circuler dans la ville.

Plus tard la garde nationale resta seule chargée de maintenir l'ordre dans Paris.

On voit que la capitulation telle que les conditions en furent arrêtées en 1871, se rapproche beaucoup plus de celle que la ville de Paris obtint en 1814 de la magnanimité de l'empereur Alexandre que celle que Marmont avait cru devoir subir et que la duchesse d'Abrantès, femme de cœur et d'intelligence, blâme très sévèrement. En 1871, l'ennemi a rendu hommage au courage des défenseurs du camp retranché. Et parmi ces défenseurs, il faut d'abord citer ces belles troupes et ces belles compagnies des équipages de la marine, qui ont si bien résisté à l'attaque des forts.

En effet, au moment de la capitulation aucun fort n'avait de brèche et n'avait dû suspendre le feu de ses pièces; la résistance était intacte sur toute la ligne. On a pris pour exemple le fort de La Briche; ce fort avait 54 canons ou obusiers et 2 mortiers; il était attaqué par 9 batteries allemandes, soit également par 54 bouches à feu, mais son armement était réparti sur trois de ses quatre côtés et il ne pouvait pas répondre directement aux feux convergents de l'ennemi. Il y avait là une véritable infériorité pour la défense. Le fort de La Briche devait répartir son tir en éventail sur un angle de 110° au moins, et le front d'attaque de l'ennemi se développait sur une longueur de 6 kilomètres, d'Ormesson aux hauteurs qui dominent Stains.

Cependant, au moment de la capitulation, le fort de La Briche, comme tous les autres, n'avait pas interrompu son tir; il pouvait encore continuer la défense de Paris.

L'ordre étant donné de remettre les forts à l'ennemi, il y avait des mesures de précaution à prendre pour éviter des actes de violence, de mécontentement ou des provocations de la part des marins, et les représailles de la partie adverse. Aussitôt le vice-amiral, commandant supérieur de la marine, écrit au général chargé de la défense de Paris : « Veuillez ordonner que les forts soient rendus, non par nous, mais par les autorités qui nous y ont reçus à notre arrivée », ce qui fut accordé.

Les commandants des forts assistés des gardes du génie et de l'artillerie furent chargés de la remise des forts aux Allemands, et nul incident fâcheux ne se produisit. Les canons durent rester sur leurs affûts.

On remarquera que les marins se divisent en matelots-canonniers et en matelots-fusiliers. On ne saurait trop recommander cet usage de varier l'instruction technique dans chaque arme pour que tout homme ait plus d'occasion de se rendre utile dans les diverses circonstances du service. C'est là un résultat facile à obtenir aujourd'hui que le nombre des illettrés diminue de plus en plus dans l'armée et que l'instruction primaire étend le champ de son enseignement. Dans le service de l'artillerie beaucoup d'hommes ne font que des corvées, et tous les hommes qui concourent au service d'une bouche à feu n'ont pas à mettre en pratique les connaissances spéciales ou l'expérience d'un canonnier. A la rigueur, il suffit qu'il y ait par bouche à feu un homme ayant la pratique de ce service.

On ne saurait donc trop recommander des exercices pour les hommes de l'infanterie afin de leur apprendre le service du tir des bouches à feu et tout d'abord les manœuvres de force qui sont nécessaires pour déplacer un canon, pour le monter sur affût ou pour le dégager, si celui-ci est à terre parce qu'une roue ou une flasque sont brisées.

Enfin il faut que l'armée de terre s'initie de plus en plus aux travaux qu'elle peut avoir à faire pour se rendre utile à bord des bâtiments, aujourd'hui surtout que les expéditions coloniales peuvent devenir fréquentes.

Pour justifier ce desideratum, il faut ici se hâter de se placer sous l'autorité du plus grand des hommes de guerre des temps modernes.

Si l'on se reporte aux *Mémoires* de Bourrienne, on y trouve le texte de l'allocution que Bonaparte fit à ses troupes à Toulon, avant leur embarquement pour Malte et l'Egypte, entre le 8 et le 18 mai 1798.

En voici un fragment :

« Officiers et Soldats,

« .....Communiquez-leur (aux marins des vaisseaux sur lesquels vous allez vous embarquer) cet esprit invincible qui partout vous rendit victorieux; *secondez leurs efforts;* vivez à bord avec cette intelligence qui caractérise des hommes purement animés et voués au bien de la même cause; ils ont, comme vous, acquis des droits à la reconnaissance nationale, dans l'art difficile de la marine.

« *Habituez-vous aux manœuvres à bord;* devenez la terreur de vos ennemis de terre et *de mer;* imitez en cela ces soldats romains, qui surent à la fois battre Carthage en plaine et les Carthaginois *sur leurs flottes...* »

Les troupes répondirent à cette chaleureuse allocution en criant : « Vive la République immortelle ! » (T. II des *Mémoires*, p. 51.)

Il y avait, dans l'armée que Bonaparte conduisait en Egypte, beaucoup de soldats ayant fait avec lui cette campagne d'Italie qui est restée un chef-d'œuvre et qui s'est terminée par un succès complet parce qu'Augereau, et lui seul, s'opposa à la retraite dans le conseil de guerre tenu la veille de la bataille de Castiglione et parce qu'il indiqua un moyen de tourner et de surprendre les Autrichiens; ce qui eut lieu.

En 1798, Bonaparte avait déjà toute autorité pour parler à ses troupes et pour être compris par elles et il leur recommandait la communauté dans les *manœuvres à bord.* Il aurait pu parler de la réciprocité de ce concours des armées de terre et de mer, et c'est ce que démontre avec honneur la coopération de la marine à la défense de Paris.

Paris. — Imprimerie L. BAUDOIN, 2, rue Christine.

41